Giulio Incoronato

Neuromarketing. Chancen und Grenzen

GRIN Verlag

Bibliografische Information der Deutschen Nationalbibliothek:

Die Deutsche Bibliothek verzeichnet diese Publikation in der Deutschen National-bibliografie; detaillierte bibliografische Daten sind im Internet über http://dnb.d-nb.de/ abrufbar.

Impressum:

Copyright © 2014 GRIN Verlag, Open Publishing GmbH
Druck und Bindung: Books on Demand GmbH, Norderstedt Germany
ISBN: 978-3-656-60808-0

Dieses Buch bei GRIN:

http://www.grin.com/de/e-book/269538/neuromarketing-chancen-und-grenzen

GRIN - Your knowledge has value

Der GRIN Verlag publiziert seit 1998 wissenschaftliche Arbeiten von Studenten, Hochschullehrern und anderen Akademikern als eBook und gedrucktes Buch. Die Verlagswebsite www.grin.com ist die ideale Plattform zur Veröffentlichung von Hausarbeiten, Abschlussarbeiten, wissenschaftlichen Aufsätzen, Dissertationen und Fachbüchern.

Besuchen Sie uns im Internet:

http://www.grin.com/

http://www.facebook.com/grincom

http://www.twitter.com/grin_com

H M K W

Neuromarketing

– Chancen und Grenzen eines neu entstandenen Feldes –

Hochschule für Medien, Kommunikation und Wirtschaft
Medien- und Wirtschaftspsychologie

Modul:	Mp2-1 Werbung und
Kurs:	Marketing MWP-04
Abgabetermin	30.01.2014

Autor: Giulio Incoronato

Inhaltsverzeichnis

Zusammenfassung

In der Folgenden Hausarbeit, soll anlehnend an ein Impulsreferat im Rahmen des Moduls Werbung und Marketing, zunächst ein Überblick über das Themenfeld Neuromarketing verschafft werden. Des Weiteren, wird eine kritische Auseinandersetzung hinsichtlich der Möglichkeiten und Grenzen des Neuromarketings, einen umfassenden Einblick in die Thematik verschaffen. Zu Beginn der Hausarbeit wird der Terminus Neuromarketing in seiner Begrifflichkeit erläutert, worauf folgend, eine elementare Theorie des Neuromarketings vorgestellt wird, um anschließend die Chancen und Grenzen des neuentstandenen Feld zu untersuchen und kritisch zu betrachten. Bevor dann letztendlich ein persönliches Fazit dargelegt wird, soll im Voraus noch ein Einblick in zwei sehr verwandte Gebiete des Neuromarketings verschafft werden.

Einleitung

Dem Konsumenten ohne Hindernisse direkt in das Gehirn zu schauen und dabei alle Marketingbezogenen Aktivitäten auf die entsprechenden Bedürfnisse auszurichten, um somit eine direkte Kaufentscheidung herbeizuführen, ist wohl die Wunschvorstellung aller Marketingverantwortlichen, Hersteller und Händler. Der Terminus Neuromarketing erhält in diesem Kontext seit geraumer Zeit beträchtlich große Aufmerksamkeit. Ebenso immens wie die Aufmerksamkeit auf das Phänomen Neuromarketing, scheinen jedoch auch die Erwartungen an die neuentstandene Disziplin zu sein. Können die Methoden des Neuromarketings diesen Ansprüchen überhaupt gerecht werden? Wo liegen die Chancen des Neuromarketings und wo die Grenzen?

Literaturübersicht

Der gegenwärtige Forschungsstand auf welchen diese Hausarbeit Bezug nimmt, basiert auf Fachliteratur einiger bedeutender Wissenschaftler des Neuromarketing und der Hirnforschung. Besonders nennenswert in diesem Zusammenhang, ist der New Yorker Hirnforscher Paul D. MacLean. Er lieferte große Beiträge zur Hirnforschung und Physiologie, sowie zur Psychiatrie. Der Begriff des *Limbischen Systems* oder der des *Neocortex* sind auf MacLean zurückzuführen, welcher bis zu den Anfängen der 90er Jahre, von den Hirnforschern, für sein Konzept des Dreieinigen Hirns (1974), überwiegend positive Resonanz erhielt. Einen ebenfalls großen

Einfluss auf den Bereich Neuromarketing hat Hans-Georg Häusel, Veranstalter des größten europäischen Neuromarketingkongresses und Mitglied im Vorstand der *Gruppe Nymphenburg Consult AG*. Häusel hat einen erheblichen Beitrag im Bereich Neuromarketing geliefert. In diesem Kontext ist besonders sein *Bestseller* „Think Limbic – Die Macht des Unbewussten. Verstehen für Marketing, Management und Motivation" zu nennen. Häusel revolutionierte mit seiner Fachliteratur in gewisser Form das Marketing- und Managementdenken. Seine wissenschaftliche Fundierung des *Limbic®* Ansatzes (2011) war ein elementarer Beitrag für das gegenwärtige Neuromarketing. Zuvor war für Marketingexperten eine neurobiologische Zielgruppen-Segmentierung undenkbar. Erstmals konnten Kundentypen nach ihren Emotionen herausgefiltert und einem Emotions-, Motiv- und Werteraum zugeordnet werden.

1. Terminus Neuromarketing

Im folgenden Kapitel soll zunächst der Terminus Neuromarketing definiert und anschließend seine Begrifflichkeit etwas genauer erläutert werden. Die Separierung der Definition im engeren Sinne und der Definition im weiteren Sinne ist hierbei notwendig, um die Thematik Neuromarketing in Hinblick auf die Grenzen und Chancen angemessen zu untersuchen.

Grundgedanke des Neuromarketing ist es das Verständnis zu erlangen wie sich Kaufentscheidungen im Gehirn manifestieren und in welcher Form diese im menschlichen Gehirn entstehen, um dann Schlüsse daraus zu ziehen, wie Verbraucher bestmöglich beeinflusst werden können. „Für die Beantwortung dieser Kernfragen des Marketings gibt es zwei unterschiedliche Forschungsstränge", welche zugleich zwei unterschiedliche, jedoch voneinander abhängige Definitionen des Begriffs Neuromarketing darstellen. Im Engeren Sinne, wird Neuromarketing durch die praktische Anwendung von *apparativen* Verfahren der Hirnforschung zu Zwecken des Marketings definiert (vgl. Häusel 2006, S. 36). Im Mittelpunkt stehen hierbei bildgebende Verfahren, wie die funktionelle Magnetresonanztomopraphie [1] (fMRi oder fMRT) oder die Magnetoenzephalographie [2] (MEG). Diese Verfahren werden mit dem Begriff *Neuroimaging* zusammengefasst. Auch die Elektroenzephalographie [3] (EEG) findet in manchen Marktforschungseinrichtungen noch gebrauch, auch wenn eher selten, da das

---

[1] Die fMRT ist eine bildhafte Darstellung von Gehirnaktivitäten, welche auf der Änderung des Sauerstoffgehalts im Blut basiert (ThinkNeuro 2011, Messmethoden des Neuromarketings).
[2] Die MEG stellt magnetische Hirnaktivität bildhaft dar, indem durch elektrische Ströme aktivierte Neuronen erzeugt werden (ebd.).
[3] Die EEG misst elektrische Gehirnaktivität durch anhand der Stimulierung von Neuronen im Gehirn (ebd.)

Verfahren inzwischen, von vielen Neurowissenschaftlern, als nicht Aussagekräftig genug angesehen wird und alternative bildgebende Verfahren deutlich effektiver sind, da aktvierte Hirnareale genauestens lokalisiert werden können. In anderen Worten, Neuromarketing im engeren Sinne bedeutet, neurowissenschaftliche Erkenntnisse zielgerichtet einzusetzen um Entscheidungen in eine gewünschte Richtung zu lenken. Die weitere Definition betrachtet den Terminus Neuromarketing deutlich umfangreicher. Neuromarketing analysiert hierbei die Wirkung komplexer neuronaler Vorgänge, um anschließend die kumulierten Erkenntnisse, mit dem Wissen über das menschliche Gehirn zu ergänzen. Diese Erkenntnisse können dann in die Marketingtheorien und -Praxis integriert werden (vgl. Esch; Möll 2005. S.72). In Betracht auf eine Analyse der Möglichkeiten des Neuromarketings, ist es notwendig die beiden oben genannten Definitionen separat zu betrachten. Der Fokus wird zunächst auf der Definition im weiteren Sinne liegen.

2. Neurobiologische Zielgruppen-Segmentierung

Das Verständnis über die Motivation hinter menschlichen Handlungen ist eine Voraussetzung wenn man verstehen möchte wie ein Individuum Entscheidungen am Markt trifft und wie diese zu beeinflussen sind. Ausgehend von den Menschlichen *Emotionssystemen*, welche nach Häusel (2012) unsere Handlungen und Entscheidungen bestimmen, soll folgend der limbische Ansatz erläutert werden. In diesem Zusammenhang ist insbesondere das *triune Brain* von MacLean (1974) zu nennen. Das Konzept der menschlichen *Emotionssysteme* und ebenso der *limbische Ansatz* basieren auf MacLeans Erkenntnissen und sind jeweils elementare Ansätze zur Ergründung der Motivation hinter allem menschlichen Handeln.

2.1. Die menschlichen Emotionssysteme

Um diese Motivation zu ergründen, geht man im Neuromarketing davon aus, dass drei elementare *Emotionsionssysteme* dafür verantwortlich sind unsere Entscheidungen in eine bestimmte Richtung zu lenken.

- Das *Balance-System* – Sicherheit und Stabilität (vgl. McNaughton 2000, Panksepp 1998)

- Das *Stimulanz-System* – Exploration und Entdeckung (vgl. Panksepp 1998)

- Das *Dominanz System* – Konkurrenz und Verdrängung (vgl. Panksepp 1998, Zuckerman 2006)

Grundsätzlich sind bei jedem Menschen alle dieser drei *Emotiontsysteme* vorhanden, aufgrund von diversen Faktoren (Erfahrungen, soziologischen Umständen, kulturellen Faktoren etc.) jedoch, sind diese Systeme bei jedem Menschen individuell stark ausgeprägt. Der Großteil unserer Entscheidungen wird nach dieser Theorie von zwei kontroversen *Emotionssystemen* beeinflusst (vgl. Häusel 2012, S.77). Durch *apparative* Verfahren des Neuromarkeings konnte belegt werden, dass eine Vielzahl unserer Entscheidungen nicht rational und bewusst, sondern unbewusst emotional getroffen werden. Paul D. MacLean erläutert in seinem Konzept des *„triune Brain"*, also des dreieinigen Gehirns, *(1974)* drei separate Bereiche des menschlichen Hirns (siehe Abb.1). Das *protoreptilische Gehirn,* auch Kleinhirn genannt, ist für die angeborenen Instinkte, wie die Selbsterhaltung oder die Aggression zuständig. Das Limbische System hingegen, also das *paleomammalische Gehirn* prägt all unsere Emotionen. Das neomammalische Gehirn, oder Neocortex, ist verantwortlich für kognitive und rationale Prozesse. Hierzu zählen insbesondere intellektuelle Aufgaben, welche einen höheren kognitiven Aufwand voraussetzen. Diese drei unterschiedlichen Bereiche des Gehirns, arbeiten zwar kontinuierlich zusammen, unterscheiden sich jedoch maßgeblich in Verarbeitungsgeschwindigkeit (vgl. MacLean 1974). In anderen Worten, der Entschluss zu Etwas ist bereits emotional getroffen, bevor wir die Möglichkeit haben eine bewusste rationale Entscheidung treffen können. Die unsererseits angenommene bewusste Entscheidung, ist letztendlich nur retrospektive kognitive Rechtfertigung der bereits getroffenen Entscheidung. Auf das Marketing bezogen, bedeutet dies: Wir entscheiden uns meist für ein Produkt, oder eine Marke ohne uns über die Motive bewusst zu sein. Erst im Nachhinein rechtfertigen wir argumentativ unsere Entscheidung. Neben den oben genannten *Emotionssystemen*, haben sich im Lauf der Zeit zusätzliche *„Submodule"* entwickelt. Sie befinden sich „innerhalb oder zwischen den Hauptsystemen „ und ermöglichen eine noch bessere Anpassung" (Häusel, 2007, S. 78) des Individuums an seine Umwelt. Folgende können als *Submodule* bezeichnet werden:

- Bindung (Ziel: Soziale Sicherheit) (vgl. Numan 2003)

- Fürsorge (Ziel: Fortpflanzung und Soziale Sicherheit) (ebd.)

- Appetit/Ekel (Ziel: Annäherung / Verhinderung von guten/schlechten Nahrungs- und Umweltstoffen) (vgl. Rolls 1999)

- Sexualität (männlich/weiblich) (vgl. Bodnar 2002, Panksepp 2004)

(vgl. Häusel 2011, S.30).

2.2. Der limbische Ansatz

Die *Emotionssysteme, Submodule* miteinbezogen, sind meist kontemporär aktiv. Es entstehen Mischformen. Diese Mischformen lassen sich grafisch gut darstellen. Die *sogenannte Limbic®* *Map* (siehe Abb.2) zeigt die funktionale Gesamtstruktur der *Emotionssysteme* auf. Die drei *Emotionssysteme* fungieren als Grundgerüst des *Motivationssystems*. Kreis-/ellipsenförmige *Motiv-Submodule* grenzen die entsprechenden Bereiche ein. „Auch Werte lassen sich darauf positionieren. Da auch Werte immer emotional sind, haben sie einen festen Platz auf der Limbic® Map" (ebd., S. 39). Unter der Annahme, dass die Persönlichkeit eines Konsumenten aus den drei *Emotionssystemen* und dessen *Submodulen* besteht, ergeben sich rechnerisch eine unüberschaubare Menge von unterschiedlichen Kundentypen. Da ein Großteil der Konsumenten jedoch deutliche Schwerpunkte innerhalb ihrer *Emotions-* und *Motivationssysteme* haben, können sogenannte Limbic® Types (siehe Abb.3) festgemacht werden. Insgesamt existieren sieben *Limbic® Types*, welche anhand der Hauptachsen der Limbic® Map bestimmt werden konnten.

- *Harmoniser(in):* Hohe Sozial- und Familienorientierung; geringere Aufstiegs- und Statusorientierung.

- *Geniesser(in):* Offenheit für Neues, Freude am sinnlichen Genuss.

- *Hedonisten(in):* Aktive Suche nach Neuem, hoher Individualismus, hohe Spontanität.

- *Abenteurer(in):* Hohe Risikobereitschaft, geringe Impulskontrolle.

- *Performer(in):* Hohe Leistungsorientierung, Ehrgeiz, hohe Statusorientierung

- *Disziplinierte(r):* Hohes Pflichtbewusstsein, geringe Konsumlust.

- *Traditionalist(in):* Geringe Zukunftsorientierung, Wunsch nach Ordnung und Sicherheit.

(Auflistung der Limbic® Types nach Häusel 2011, S. 50)

Der Ansatz der *Limbic Types®* lässt eine Segmentierung von Zielgruppen nach Emotionalen und Neurobiologischen Aspekten zu. Diese Typisierung kann in der Praxis angewendet werden um eine Strategieempfehlung für die Marketingkommunikation zu formulieren. So können in der Werbebranche, an den Konsumtypen angepasste Werte angesprochen werden (vgl. Felix 2008, S.43).

3. Chancen und Grenzen

Aktuellen Trendprognosen nach zu urteilen, wird die Werbeindustrie des folgenden Jahrzehnts, in erster Linie durch die Methoden und empirischen Erkenntnisse des Neuromarketings geprägt und revolutioniert. Die Fähigkeit menschliches Handeln am Markt zu verstehen und das gesammelte Wissen dann zielgerichtet einsetzten um Entscheidungen in eine gewünschte Richtung zu lenken ist eine Fähigkeit die im Marketing oder Vertrieb immens wertvoll ist und öffentliches Interesse daher eine nachvollziehbare Folge. Ein Fehlschluss, liegt darin zu glauben man könne heutzutage schon derartig komplexe neuronale Prozesse wie die Markenperzeption oder Kaufentscheidungen ohne weiteren Aufwand analysieren, veranschaulichen und interpretieren. Im folgenden Kapitel soll auf diese Problematiken näher eingegangen werden.

3.1. Hinführung

In den Medien steht der Begriff Neuromarketing meist in direktem Zusammenhang mit der Methode der *funktionellen Magnetresonanztomographie* (fMRT) und anderer bildgebender Verfahren. Dieser mediale einseitige Fokus das *Neuroimaging* legt eine Problematik dar, indem durch ihn die Einschätzung der Potenziale des Neuromarketings verzerrt wird. In den Medien wird Neuromarketing meist auf die apparativen Verfahren reduziert, wodurch eine umfassende Betrachtung der Möglichkeiten eingeschränkt wird. Erhofft wird sich, Effekte, Emotionen und Wahrnehmungsmuster ‚sichtbar‘ zu machen, doch viele Prozesse der Werbewirkung, insbesondere Emotionsprozesse in Verknüpfung mit rationalen Entscheidungsprozessen, werden von den Neurowissenschaftlern selbst noch nicht ausreichend verstanden, um im Neuromarketing revolutionäre Einsichten für das Marketing gewinnen zu können. (Weining, 2009, S. 28-30) Die Idee, Wirkmechanismen von Markenbotschaften, Werbespots und Produkten im Gehirn potentieller Kunden ohne Umwege zu erkennen und zu ergründen, weckt bei den Marketingakteuren verständlicher Weise großes Interesse und verlangen. Ebenfalls werden aber auch unverhältnismäßige Hoffnungen geweckt, welche nicht mit den realistischen Potenzialen des Neuromarketings vereinbar sind. Es stellt sich uns nun die Frage wo diese realistischen Potenziale, also die Chancen und Grenzen des Neuromarketings liegen.

3.2. Der Mehrwert des Neuromarketings

Ein Blick auf die Entwicklung der psychologischen und neurologischen Forschung könnte bei der Beantwortung dieser Frage für weitere Klarheit sorgen. In den letzten zehn Jahren haben Hirnforscher mehr Erkenntnisse über die Funktionsweise des menschlichen Gehirns gemacht, als Psychologen in den 100 Jahren zuvor (vgl. Scheier / Held 2012, S.24). Es ist daher nicht weit her genommen zu behaupten, dass der Stellenwert des Neuromarketings in den nächsten Jahren erheblich steigen und einen wirklichen Mehrwert für das Marketing liefern wird. Das Neuromarketing ist ein neu entstandenes Feld, welches sich ebenso wie jedes andere noch im Grundlagenforschungsstatus befindende Forschungsteilgebiet, erst einmal entwickeln muss. Es ist ein interdisziplinäres Teilgebiet, welches mit Sicherheit viele Potenziale birgt, doch sich nichts desto trotz noch am Anfang des Entwicklungsprozesses befindet. Nicht anders, ist es mit den Neurowissenschaften. Der Neurowissenschaftler Christophe Morin schrieb in einem von ihm veröffentlichten Symposium „If neuroscience is considered to be in its infancy, neuromarketing is clearly at an ebyonic stage" (Morin, 2001, S. 134). Übersetzt bedeutet dies: Betrachtet man Neurowissenschaft als sich noch im Kindesalter befindend, ist Neuromarketing eindeutig noch in einem embryonalen Stadium. Der Mehrwert der Neurowissenschaften für die Forschung in dem letzten Jahrzehnt ist enorm und wird in den kommenden Jahren sicherlich noch erheblich steigen. Dennoch befindet sich auch die fMRT-gestützte Forschung von höheren kognitiven Prozessen, verhältnismäßig noch in einem Anfangsstadium (vgl. Morin 2001, S. 130-134). Die sich ergebenden Grenzen der Neurowissenschaft, gelten daraus folgend auch für die Neuromarketingforschung an sich.

Beim Erforschen der Marken- oder Werbewirkungen trifft man schnell auf die Grenzen der bildgebenden Verfahren. Ein Beispiel: Durch bisherige Forschung konnte in Erfahrung gebracht werden, dass unterschiedliche Bereiche des Gehirns aktiviert werden wenn Männer Sportwagen und Kleinwagen sehen. (Häusel, 2012, S. 68-69). Was jedoch nicht in Erfahrung gebracht werden kann ist, was der Unterschied zwischen einem Lamborghini und einem Ferrari ist. Die bildgebenden Verfahren können lediglich Unterschiede aufweisen, jedoch geben sie nicht preis warum dieser Unterschied vorliegt. Dieses Beispiel soll lediglich verdeutlichen, dass *Neuroimaging* meist nützlicher für die Grundlagenforschung sind. Durch den „hohen technischen und finanziellen Aufwand, können zudem kaum mehr als eine Handvoll Probanden pro Studie untersucht werden. Eine zielgruppenspezifische Studie ist zu diesem Zeitpunkt deshalb nur schwer durchführbar" (Scheier / Held, 2012, S.24). Die immensen Kosten und die

Langwierigkeit dieser Studien machen es einem durchschnittlichen Unternehmen nahezu unmöglich apparative Verfahren für Marketingzwecke zu verwenden. Studien im Bereich des Neuromarketings können bis zu 4 Monate dauern und bis zu 250.000 Euro kosten (Biedrowski, 2011, S.44). Apparative Verfahren sind demnach Optimal um Grundlagenforschung zu betreiben, in der Marketingpraxis, sind sie jedoch vorwiegend ineffizient. Eine geringe Praxisrelevanz bedeutet jedoch nicht, dass Neuromarketing keinen Mehrwert bietet. Grundlagenstudien im Neuromarketing liefern und eine breite Masse an Erkenntnissen, die heute schon in der Praxis angewendet werden (vgl. Scheier / Held 2012, S.25). In bestimmten Fällen liefert das Neuromarketing sogar einen Mehrwert für die Neurowissenschaft. Eine Studie von Emily B. Falk (2012) im Rahmen einer Nichtraucher-Kampagne publiziert wurde ist ein Ideales Beispiel. Die Befunde der Studie " Creating Buzz - The Neural Correlates of Effective Message Propagation" stellen ein Meilenstein im Neuromarketing dar. „ Erstmals konnte aus den Reaktionsmustern des Gehirns einzelner Probanden auf Verhaltensmuster der Bevölkerung geschlossen werden (…)" zudem berühren die Befunde „den Kern der Debatte um den freien Willen " (Holthausen, 2012). Offensichtlich sagt ein bestimmtes Areal unseres Gehirns[4] korrekt voraus, ob ein Nichtraucher-Werbespot wirkt. Selbst wenn die Aktivität dieses bestimmten Areals nicht mit der subjektiven Wahrnehmung, also dem Eindruck der Werbekampagne, im Einklang stand, konnte die Wirkung exakt vorausgesagt werden (Falk, 2012, S.4-5). Die Befunde dieser Studie waren bedeutsam für das Neuromarketing, da sie einen wirklichen Neuigkeitswert besitzen, ebenso wie die Bildung der *Limbic® Types* und der *Limbic® Map*. Die Erkenntnis, dass Emotionalität im Kontext der Markenperzeption ein großer Einfluss hat, beispielsweise, kamen Werbepsychologen des letzten Jahrhunderts auch ohne die Verwendung von apparativen Verfahren. Dies schließt jedoch, wie bereits angedeutet keine neuen Einsichten und Erkenntnisse in diesem Feld aus. Daraus folgernd lässt sich sagen, dass der Neuigkeitswert der Erkenntnisse, in diesem Kontext einen äußerst hohen Stellenwert besitzt.

4. Kooperation auf interdisziplinärer Basis

Eine umfassende und realitätsnahe Einschätzung der Zukunft und des Potenzials des Neuromarketings ist nur dann möglich, wenn über das *Neuroimaging* hinausdacht wird. „Neuromarketing ist in unserem Verständnis mehr als die Anwendung der bildgebenden Verfahren auf Marketingthemen" (Scheier / Held, 2012, S.24) Neuromarketing nutzt

---

[4] Bestimmter Bereich der Großhirnrinde, wird Brodmann-Areal 10 genannt. (Falk, 2012, S. 3).

zielgerichtet Erkenntnisse und Methoden verschiedenster Forschungsdisziplinien um diese in der Marketingpraxis anwenden zu können. Diese interdisziplinäre Zusammenarbeit unterschiedlichster Teilgebiete macht das Neuromarketing aus. Im Folgenden werden beispielhafte Bereiche vorgestellt, welche eine klare interdisziplinäre Zusammenarbeit mit dem Neuromarketing aufweisen. Anschließend werden drei nennenswerte Produkte dieser Bereiche in ihrem Ansatz erläutert und ihre Vorteile gegenüber den bildgebenden Verfahren dargelegt.

Nennenswert im Zusammenhang der interdisziplinären Kooperation, sind vor allem die neu entstandenen Forschungsbereiche. Bestes Beispiel, *Computational-Neuroscience*, wobei anhand von Hard- und Softwaremodellen, psychophysische Mechanismen simuliert werden, um tiefblickendere Kenntnisse über neuronale und ebenso psychische Prozesse zu erlangen (Bernstein Center, 2013). Im März 2012 gelang es den Frankfurter Wissenschaftlern Michael Hoffer und Gillian Quisser eine *App* zu entwickeln, welche Neuronen Simuliert und somit Studenten und Lehrenden ermöglicht mit dem *Smartphone* einfache elektrophysiologische Experimente durchzuführen. (Nationales Bernstein Netzwerk, 2012) Komplementär zur *Computational-Neuroscience* agiert die *Neuroinformatik*, ein interdisziplinäres Teilgebiet der Informatik und der Neurobiologie. Auf Basis neuronaler Prozesse werden hier Lösungsansätze in der Informatik betrachtet. Forschungsschwerpunkt der Neuroinformatik ist die Anwendung von neuronalen Informationsverarbeitungssystemem in technischen Systemen. Mit anderen Worten, man versucht die Arbeitsweise des Gehirns nachzuvollziehen indem man dessen neuronale Strukturen simuliert. Produkte der Neuroinformatik können beispielsweise sich anpassende *Algorithmen* [5] sein, oder die *Mustererkennung*, also die Fähigkeit Gesetzmäßigkeiten, Ähnlichkeiten und Wiederholungen innerhalb von Datenmengen zu finden. (Der, 2000). Mit Hilfe der *Neuroinformatik* konnten Produkte wie *EyeQuant* oder *Codes* entwickelt werden, welche in diesem Fall mittels Algorithmen Fixationspunkte von Produkten oder Websites erkennen und visualisieren. Das *virtuelle Auge* analysiert zudem die Aufmerksamkeitswirkung (siehe Abb. 4), liefert detaillierte Statistiken, Design-Optimierungen, Performance-Werte und sogar eine Perzeptions-Map (siehe Abb. 5) (EyeQuant 2002). Ein elementarer Vorteil beider Ansätze besteht darin, dass sich die wissenschaftlichen Produkte nicht allein in Form von Wissen und Erkenntnissen, sondern meist als Software

---

[5] Ein Algorithmus ist ein Lösungsverfahren in Form einer Verfahrensanweisung, die in einer wohldefinierten Abfolge von Schritten zur Problemlösung führt (Definition nach Gabler Wirtschaftslexicon).

abbilden lassen. Dadurch werden hoher Zeitaufwand und Kosten vermieden, die bei den zu vergleichen Verfahren (fMRi, MEG) durch aufwendige Einzelstudien anfallen.

5. Fazit

Die apparativen Verfahren des Neuromarketing eignen sich aufgrund des hohen Aufwands meist nicht für die Praxis, doch das erlangte Wissen und die neugewonnen Kenntnisse in dieser jungen Disziplin bringen nicht nur das Marketing sondern auch die psychologische Grundlagenforschung voran. Doch Neuromarketing ist wie bereits erläutert weit mehr als nur die Veranschaulichung von aktiven Gehirnarealen, es ist eine interdisziplinäre Forschungsrichtung die sich das Wissen unterschiedlichster Forschungsrichtung zugunsten macht und in die Welt des Marketings überführt. Themenfelder, welche sich in der Hirnforschung noch im Status der Grundlagenforschung befinden, qualifizieren sich oft nicht für eine Ableitung auf marketingrelevante Erkenntnisse, da die Chancen und Grenzen des Neuromarketings sich an dem zu dem Zeitpunkt vorherrschenden Forschungsstatus der Neurowissenschaften orientieren. Durch interdisziplinäre Forschung kann das Neuromarketing jedoch auch selbst einen eigenständigen Mehrwert liefern und durch bahnbrechende Befunde das Marketing revolutionieren. Trotz fundiertem Fachwissen, kann eine einseitige Sichtweise ohne weitere Differenzierung, mit einer Fehleinschätzung der Chancen und Grenzen einhergehen. Neuromarketing hat große Chancen einen wahren Stellenwert in der interdisziplinären Forschung zu erlagen, andererseits orientieren sich die Chancen an dem Forschungsstatus der Neurowissenschaft. Einerseits sind Studien mit apparativen Verfahren sehr kosten- und zeitaufwendig, andererseits können Produkte des Neuromarketings auch wissenschaftlich relevante Befunde in der Forschung, oder aber Softwareprodukte sein. Zum einen, liegt der Fokus im Kontext des Neuromarketings auf den bildgebenden Verfahren, andererseits umfasst Neuromarketing weit mehr als die Veranschaulichung aktiver Gehirnareale. Die verwendeten Methoden sind nicht sehr praxisrelevant, andererseits wurden durch die Hirnforschung im Marketingbereich, bereits jetzt schon, viele neue Erkenntnisse zur Werbewirkung, Marketingstrategien, Preisempfinden etc. gewonnen. Das kumulierte Wissen wird dann im Marketing genutzt (bspw. Zielgruppenfindung, Verbesserung der Marketingstrategien, Produktoptimierung).

Daraus Schlussfolgernd ist eine realistische Einschätzung von den Potenzialen des Neuromarketings also nur durch kritische Abwägung sinnvoll und angebracht. Summa summarum lässt sich demnach sagen, dass eine Mehrseitige Sichtweise rund um die Thematik der Chancen und Grenzen des Neuromarketings unerlässlich ist. Neuromarketing sollte kritischer, umfassender und mehrseitig betrachtet werden und nicht auf Hirnscanner die einem verraten was Kunden kaufen wollen reduziert werden.

6. Literaturverzeichnis

Bernstein Center For Computational Neuroscience. (kein Datum). Abgerufen am 14. Januar
2014 von https://www.bccn-berlin.de/Forschung/

Biedrowski, F. (2011). *Implikationen neurowissenschaftlicher Erkenntnisse und Verfahren im
Online-Marketing.* Norderstedt: Grin Verlag.

Christian Scheier, D. H. (2012). *Wie Werbung wirkt. Erkenntnisse des Neuromarketing.*
Freiburg: Haufe.

Der, R. (23. November 2000). Vorlesung Neuroinformatik. (I. f. Universität Leipzig, Hrsg.)
Abgerufen am 08. Januar 2014 von informatik.uni-
leipzig.de/~der/Vorlesungen/mstni.pdf

Emily B. Falk, S. A. (März 2013). Creating Buzz - The Neural Correlates of Effective
Message Propagation. (P. Science, Hrsg.)

EyeQuant. (kein Datum). *Bridging Brain and Buisness.* Abgerufen am 12. 01 2014 von
WhiteMatter Labs: http://www.whitematter.de/produkte/EyeQuant

Franz- Rudolf Esch, T. M. (2005). *Kognitionspsychologische und neuroökonomische
Zugänge zum Phänomen Marke. In: Moderne Markenführung Grundlagen, Innovative
Ansätze, Praktische Umsetzungen.* (F.-R. Esch, Hrsg.) Wiesbaden: Gabler Verlag.

Häusel, H.-G. (September 2006). Direkt ins Hirn? *Absatzwirtschaft - Zeitschrift für
Marketing.*

Häusel, H.-G. (September 2007). Emotions- und Motivwelten im Gehirn des Kunden treffen.
Neuromarketing mit Limbic® - Innovation Management.

Häusel, H.-G. (März 2011). Die wissenschaftliche Fundierung des Limbic® Ansatzes.
(Nymphenburg, Hrsg.) München. Abgerufen am 09. Januar 2014 von
http://www.nymphenburg.de/tl_files/pdf/LimbicScience110220.pdf

Häusel, H.-G. (2012). Auto ist nicht gleich Auto. In H.-G. Häusel, *Brain View.* Freiburg:
Haufe. Abgerufen am 09. Januar 2014 von
http://books.google.de/books?id=K0is7BqqzMcC&printsec=frontcover&hl=de&sourc
e=gbs_ge_summary_r&cad=0#v=onepage&q&f=false

Häusel, H.-G. (2012). *Erkenntnisse der Hirnforschung für Markenführung, Werbung und
Verkauf.* (H.-G. Häusel, Hrsg.) Freiburg: Haufe.

Holthausen, K. (Mai 2012). Das Neuron und sein Volk: Ein Durchbruch im Neuromarketing.
(N. &. Neuromarketing, Hrsg.) Abgerufen am 11. Januar 2014 von
http://neuroketing.wordpress.com/2012/05/02/das-neuron-und-sein-volk-ein-
durchbruch-im-neuromarketing/

MacLean, P. D. (September 1974). Triune Conception of the Brain and Behaviour. Toronto: University of Toronto Press.

Michael Numan, T. R. (2003). *The Neurobiology of Parental Behavior.* New York: Springer.

Morin, C. (Januar 2011). Symposium: Consumer Culture in Global Perspective. *Neuromarketing: The New Science of Consumer Behavior.* (S. S. Media, Hrsg.)

Nationales Bernstein Netzwerk . (März 2012). Abgerufen am 09. Januar 2014 von "Brain Lab": die neue App zur Simulation von NeuronenNeuroscience: http://portal.uni-freiburg.de/nncn/nachrichten/brainlab/

Neil McNaughton, J. A. (2000). *The Neuropsychology of Anxiety: An Enquiry Into the Functions of the Septo-Hippocampal System: An Enquiry into the Function of the Septo-Hippocampal System.* Oxford: Oxford Science Publications.

Panksepp, J. (1998). *Affective Neuroscience: The foundations of human and animal emotions.* New York: Oxford University Press.

Richard Lackes, M. S. (kein Datum). Gabler Wirtschaftslexicon. (S. Gabler, Hrsg.) Springer Gabler. Abgerufen am 13. Januar 2014 von http://wirtschaftslexikon.gabler.de/Archiv/57779/algorithmus-v8.html

Rolls, E. (1999). *The Brain and Emotion.* Oxford: Oxford University Press.

Shepherd, O. (Januar 2011). *ThinkNeuro.* Abgerufen am 13. Januar 2014 von Die Messmethoden des Neuromarketing: http://www.thinkneuro.de/2011/01/19/die-messmethoden-des-neuromarketings/

Weining, A. (2009). *Neuromarketing- Grundlagen, Anwendungsmöglichkeiten und Perspektiven.* Norderstedt: GRIN Verlag.

Zuckerman, M. (2006). *Sensations Seeking and Risky Behavior.* American Psychological Association.

7. Abbildungsverzeichnis

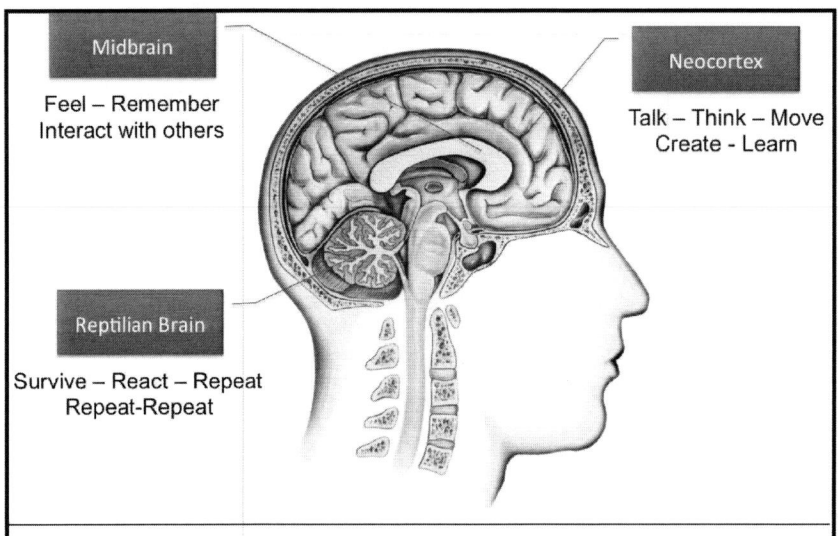

Abbildung 1: Das Konzept des triune brain nach MacLean (1974).

Abgerufen am 13. Januar 2014 von http://www.elainebaileyinternational.com/wordpress/triunebrain/

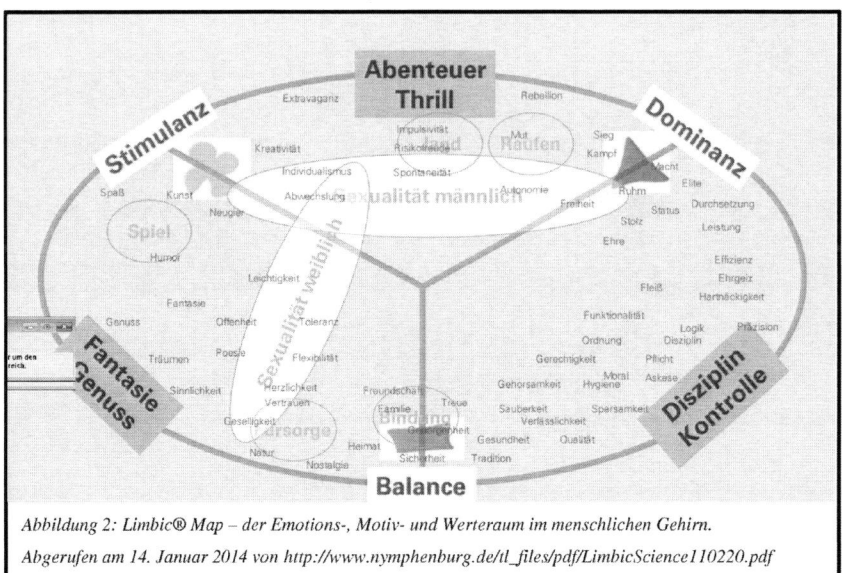

Abbildung 2: Limbic® Map – der Emotions-, Motiv- und Werteraum im menschlichen Gehirn.

Abgerufen am 14. Januar 2014 von http://www.nymphenburg.de/tl_files/pdf/LimbicScience110220.pdf

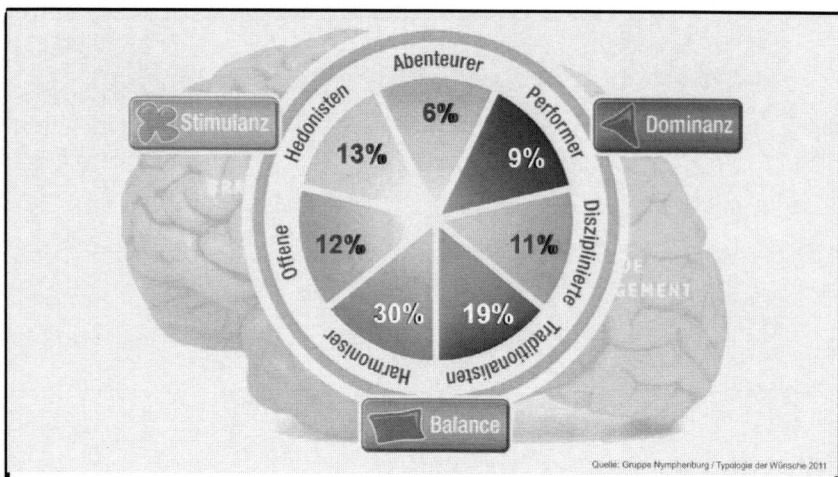

Abbildung 3: Die repräsentative Verteilung der Limbic® Types in Deutschland 2011 (TDWI).
Abgerufen am 14. Januar 2014 von http://www.nymphenburg.de/tl_files/pdf/LimbicScience110220.pdf

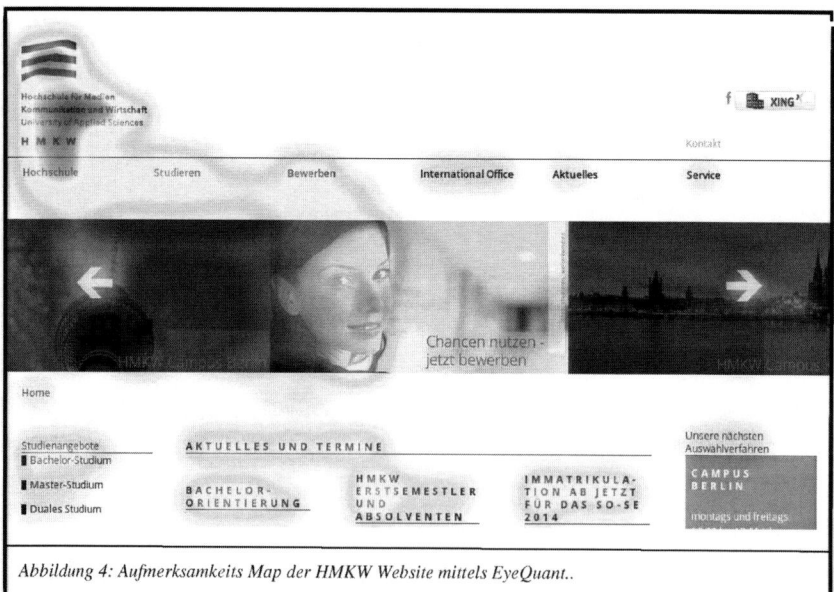

Abbildung 4: Aufmerksamkeits Map der HMKW Website mittels EyeQuant..

Abbildung 5: Perzeptions-Map der HMKW Website. EyeQuant visualisiert mittels der Kreisförmigen Bereiche was Kunden in den ersten Sekunden sehen.